AF494215

25 Janvier 1911

Marqué P

VENTE
Du Mercredi 25 Janvier 1911
HOTEL DROUOT, SALLE N° 6
A 2 HEURES

# MEUBLES ET OBJETS D'ART

## ANCIENS ET DE STYLE

## PORCELAINES ET FAIENCES ANCIENNES

## BRONZES

## TAPISSERIES, ÉTOFFES ANCIENNES

## TAPIS



COMMISSAIRE-PRISEUR
Me F. LAIR-DUBREUIL

EXPERTS
MM. PAULME & B. LASQUIN Fils

# CATALOGUE

DES

# MEUBLES ET OBJETS D'ART

## ANCIENS ET DE STYLE

***Porcelaines et Faïences Anciennes***

DE CHINE, SAXE, PARIS, ROUEN, SCEAUX, DELFT

GARNITURE DE CINQ PIÈCES EN FAIENCE DE DELFT, DECOR BLEU

## SCULPTURES

EN MARBRE, TERRE CUITE, BOIS, ETC.

## BRONZES D'ART ET D'AMEUBLEMENT

Pendule de cartonnier du temps de Louis XIV

OBJETS DE VITRINE, ORFÈVRERIE ANCIENNE

## MEUBLES ET SIÈGES

DES XVII$^{e}$ ET XVIII$^{e}$ SIÈCLES ET PREMIER EMPIRE

## MEUBLES ET SIÈGES DE STYLE

**Ameublement de Salon et Bergères en tapisserie d'Aubusson**

## TAPISSERIES ANCIENNES

DES XVII$^{e}$ ET XVIII$^{e}$ SIÈCLES

## ÉTOFFES, TAPIS

DONT LA VENTE AUX ENCHÈRES PUBLIQUES AURA LIEU

## HOTEL DROUOT, SALLE N° 6

**LE MERCREDI 25 JANVIER 1911**

*à deux heures*

| COMMISSAIRE-PRISEUR | EXPERTS |
|---|---|
| **M$^{e}$ F. LAIR-DUBREUIL** | **MM. PAULME & B. LASQUIN fils** |
| 6, rue Favart | 10, rue Chauchat \| 11, rue Grange-Batelière |

EXPOSITION PUBLIQUE

**Le Mardi 24 Janvier 1911, de deux heures à six heures**

## CONDITIONS DE LA VENTE

Elle sera faite au comptant.

Les adjudicataires paieront *dix pour cent* en sus des enchères.

L'exposition mettant le public à même de se rendre compte de l'état et de la nature des objets, aucune réclamation ne sera admise une fois l'adjudication prononcée.

Paris. — Imp. de l'Art, Ch. Berger, 41, rue de la Victoire.

# DÉSIGNATION

## PORCELAINES ET FAIENCES

### ANCIENNES ET MODERNES

1 — Coupe ronde en verre et porcelaine ; monture en bronze doré, anses formées de statuettes d'enfants.

2 — Coupe de forme octogonale en porcelaine du Japon, décor polychrome ; monture en bronze doré.

3 — Coupe formée d'un plat en ancienne porcelaine du Japon ; monture en bronze doré.

4 — Autre coupe formée d'un bol en porcelaine de Canton ; monture en bronze doré.

5 — Grand plat rond en porcelaine de Siam, décor bleu.

6 — Cuvette en porcelaine du Japon, décor en bleu de fleurs et roseaux.

Diam., 37 cent.

7 — Plat creux en porcelaine du Japon, décoré au revers de rinceaux de feuillages en bleu.

Diam., 37 cent.

8 — Soupière avec son couvercle de forme oblongue en porcelaine du Japon, décor bleu : Paysage.

9 — Paire de bols en porcelaine de Chine, décor de poissons et fleurs en bleu.

10 — Crachoir et boîte couverte en porcelaine du Japon, décor bleu.

11 — Paire de vases à cols évasés en porcelaine de la Chine, décor de cèdres et axis en bleu.

12 — Potiche en porcelaine du Japon, décor bleu : Paysage avec lacs et pagodes.

Haut., 37 cent.

13 — Vase ou bouteille en terre de Chine émaillée jaune et brun, à marbrures.

14 — Bouteille, avec renflement au col, en céladon craquelé de la Chine.

15 — Bouteille en ancienne porcelaine rouge corail, avec dragon en relief.

16 — Petit vase en céladon craquelé de la Chine, décoré de feuillages et fleurs en bleu.

17 — Cinq tasses droites et sept soucoupes en ancienne porcelaine de *Nost à Paris*, décor barbeau : fleurs violettes.

18 — Soupière couverte, de forme ovale, en porcelaine de Paris.

19 — Grand légumier couvert et un plateau en ancienne porcelaine de Paris, décor barbeau. Époque Louis XVI.

20 — Un plat et neuf assiettes en ancienne porcelaine de Paris, à décor barbeau. Époque Louis XVI.

21 — Deux assiettes en ancienne porcelaine de Locré, à décor de bouquets de fleurs en couleurs. Époque Louis XVI.

22 — Petit pot à eau en ancienne porcelaine de Paris, décor barbeau.

23 — Groupe en ancien biscuit de Locré : Jeune femme enchainant l'Amour, avec une guirlande de fleurs, sur socle adhérent de forme cylindrique et enguirlandé de fleurs. Epoque Louis XVI.

24 — Deux petites statuettes de vendangeurs : Homme et femme, en ancienne porcelaine tendre de Tournay (?), émaillées en blanc.

25 — Deux théières en ancienne porcelaine du Japon côtelée, décors bleu et polychrome, à paysages et fleurs.

26 — Deux grandes statuettes d'homme et femme, sur socles, en porcelaine décorée.

27 — *Le Souper*, groupe de trois figures en porcelaine décorée.

28 — Paire de vases avec couvercles ajourés, de forme ovoïde, à piédouches, et deux anses, sur socle carré, en porcelaine de Paris (marque de *Perche*), décor en couleur de bouquets de fleurs et sujets galants.

29 — Quatre tasses et leur soucoupe, et un pot à lait couvert, de forme quadrilobée, en porcelaine de Saxe, décor fond bleu turquoise, et sujets pastoraux dans des réserves.

30 — Groupe de deux personnages, assis sur un tertre au pied d'un tronc d'arbre, et un chien, en ancienne porcelaine de Zurich : le Repas de chasse.

31 — Huit tasses et leurs soucoupes en ancienne porcelaine de Louisbourg, à bordure gaufrée, décor de personnages dans des paysages et semis de fleurettes.

32 — Service à café et à thé en ancienne porcelaine de Saxe, décor en couleurs, personnages dans des paysages, comprenant une théière couverte, un pot à lait, un sucrier couvert quadrilobé, un pot à crème, un flacon à thé (bouchon en métal), quatre tasses quadrilobées et leur soucoupe et quatre tasses arrondies et leur soucoupe.

33 — Soupière couverte, sur plateau, de forme ovale, en faïence de Wedgwood. Style Louis XV.

34 — Jardinière en ancienne faïence de Sceaux, décoré de guirlandes d'œillets en couleur, forme demi-lune.

35 — Assiette en ancienne faïence de Rouen, décor polychrome : dragon, oiseaux, insectes et fleurs.

36 — Compotier et assiette en ancienne faïence de Delft et Niedervillers, décor polychrome.

37 — Porte-huilier en ancienne faïence de l'Est, de forme contournée, à quatre petits pieds, décor en rouge et bleu.

38 — Porte-huilier en ancienne faïence d'Alcora, anses mascarons, décor polychrome : fleurs et feuillages.

39 — Deux assiettes creuses en ancienne faïence de Saint-Amand, décor corbeille de fleurs.

40 — Paire de potiches en ancienne faïence de Delft, avec leur couvercle, décor en bleu, à réserves de paysages sur fond d'imbrications.

41 — Garniture de cinq pièces, composée de trois potiches couvertes et deux vases-cornets en ancienne faïence de Delft, décor style chinois, à fleurs en bleu.

42 — Plat ovale à réchaud avec son couvercle en faïence de Milan, décor de fleurs.

43 — Paire de vaches en faïence de Delft, décorées de fleurs en couleurs.

44 — Plat à barbe en ancienne faïence de Saint-Cenis, et un pichet en faïence moderne.

45 — Importante plaque en ancienne faïence de Delft, de forme ovale quadrilobée, décorée en couleurs d'un paysage avec habitations au bord d'un canal gelé sur lequel patinent de nombreux personnages; cartouche à la partie inférieure.

Haut., 58 cent.; larg., 48 cent.

# OBJETS DIVERS

## GLACES, SCULPTURES

46 — Ecole française (xviiie siècle). Portraits d'homme et de femme, deux médaillons ovales sur la même feuille. Cadre baguette Louis XV.

47 — Porte-huilier en argent, de l'époque Louis XV, avec ses flacons en verre taillé ; blanc et bleu.

48 — Tabatière en ancien émail de Saxe, de forme rectangulaire, décorée en relief et dorure de filigranes, simulant une corbeille.

49 — Boîte ovale en pomponne à rayures, intérieur doublé d'écaille, couvercle à charnières. Epoque Louis XVI.

50 — Tabatière de forme oblongue en pomponne, avec couvercle à charnière, le dessus en lapis-lazuli doré. Epoque Louis XVI.

51 — Boîte avec couvercle de forme ovale et contournée en agate.

52 — Boucle de ceinture rectangulaire en acier taillé à pointes de diamant.

53 — Paire de boutons de manchettes, ornés de topazes brûlées. Deux paires de pendeloques, une en marcassite et or émaillé avec petites perles.

54 — Colonne-support à base à trépied en bois sculpté à jour. Travail des Indes.

55 — Service à thé en pierre de lare blanche imitant le jade, sculptée à jour et gravée, comprenant : un plateau, une théière et six petites tasses. Travail chinois.

56 — Lampe d'église en cuivre gravé et ajouré, de la fin du XVIe siécle.

57 — Petit miroir Louis XIII, avec cadre en cuivre repoussé et argenté, à guirlandes de fleurs.

58 — Bénitier en bronze argenté, du XVIIIe siécle.

59 — Baromètre en bois sculpté doré, à draperie et culot feuillagés. Époque Louis XVI.

60 — Coffret à bonnets en bois peint à fleurs, du XVIIIe siècle.

61 — Coffret en acajou, avec nécessaire-toilette pour homme, avec flacons en verre taillé et couvercle en argent. Commencement du XIXe siècle.

62 — Statuette en terre cuite de Pradier : Danseuse.

63 — Miroir avec cadre en bois sculpté doré, à feuillages. Epoque Louis XIV.

64 — Important service en verre de Bohême, gravé de sujets de chasse, en blanc sur fond bleu.

65 — Petit vitrail suisse du XVIIe siècle, représentant *Vogt Jost Schelter Alter*, *Stadthalter général Landaman*.

66 — Glace avec cadre en bois mouluré sculpté, peint noir et doré. Epoque Louis XIII.

67 — Petite glace avec cadre en bois sculpté doré, fronton avec attributs de musique. Epoque Louis XVI.

68 — Grande glace de l'époque Louis XV, cadre en bois sculpté doré, modèle à rocailles, feuillages et fruits.

69 — Paire de montant de boiserie en bois sculpté peint gris, avec chapiteaux, style corinthien. Epoque Régence.

70 — Statuette en ivoire : Saint Nicolas. XVIIe siècle.

71 — Trois petites statuettes, un buste et un cadre en bois sculpté, peint et doré.

72 — Statuette de saint en bois sculpté ciré. XVIIIe siècle.

73 — Statuette de femme drapée en bois sculpté. XVIIIe siècle.

74 — Buste de jeune fille en marbre blanc, par A. TRENTANOVE.

75 — Statuette de Neptune en terre cuite.

76 — Deux statuettes d'anges en bois sculpté, d'époque Louis XIV.

Haut., 1 m. 80 cent.

## BRONZES, PENDULES, LUSTRES

### ANCIENS ET MODERNES

77 — Petite pendule, formée d'un arbuste fleuri avec feuillages, en tôle découpée et peinte et fleurs en ancienne porcelaine blanche; elle repose sur une terrasse rocaille en bronze, avec statuette d'Arlequin dansant en porcelaine de Saxe.

78 — Pendule en marbre blanc, à colonnette et bronze doré; base en marbre bleu turquin. Epoque Louis XVI.

79 — Petite pendule de cartonnier en corne et filets de cuivre incrustés, les côtés à consoles, surmontée d'un fronton mouluré et mascaron de femme; base rectangulaire à moulure feuillage et reposant sur une console. Elle porte la marque : *Fiacre Clément, à Paris*. Epoque Louis XIV.

80 — Pendule en bronze doré, avec statuette d'Henri IV.

81 — Galerie de foyer en bronze doré, de l'époque Directoire.

82 — Garniture de cheminée, comprenant une grande pendule en bronze patiné et marbre de Sienne, avec statuette de l'empereur Justinien assis sur une borne contenant le cadran, et deux coupes en bronze patiné sur socle carré en marbre de Sienne.

83 — Paire de chenets en cuivre, à boule et mascaron. Epoque Louis XIII.

84 — L'*Automne*, groupe de deux figures reposant sur un socle à draperie en bronze doré, signé : *Salmon. Maison Raingo frères, fondeurs.*

85 — Groupe de faune et bacchante en bronze patiné, d'après Clodion.

86 — Lampe électrique en bronze doré, de style Louis XV.

87 — Deux vases de marbre fleur de pêcher, montés en bronze doré. Style Louis XVI.

88 — Paire d'appliques, de style Louis XV, en bronze doré, à cinq lumières.

89 — Paire de chenets en bronze doré, à figures de cerf et de sanglier, sur des rocailles. Style Louis XV.

90 — Paire de chenets, de style Régence, en bronze doré, à figures d'enfants casqués.

91 — Grand vase, forme balustre, en porcelaine rouge; anses faites de cornes d'abondance en bronze ciselé doré, base en bronze.

92 — Grand vase, de forme ovoïde, sur piédouche, en marbre de couleur, décoré de draperies, d'anses à serpents et têtes de béliers en bronze doré. Base à tors de lauriers.

93 — Paire de beaux vases en porcelaine couleur vert d'eau, avec riche monture en bronze doré formée de consoles à cariatides de femmes reliées par des guirlandes de fleurs. Base ronde à rocailles ajourées. Style Louis XVI.

94 — Candélabre à neuf lumières forme d'un vase en porcelaine gros bleu, avec monture et branchages d'œillets et lys porte-lumières en bronze doré.

95 — Paire de lampes, formes de vases ovoïdes, en porcelaine gros bleu. Riche monture en bronze doré. Style Louis XV.

96 — Paire de lampes, formes de bouteilles, en porcelaine gros bleu. Riche monture en bronze doré, anses à feuillages.

97 — Paire d'importants candélabres à douze lumières en bronze doré, de style Louis XV : Enfant nu supportant un branchage. Base rocailles.

98-99 — Deux grandes lanternes en bronze doré, de style Louis XVI.

100 — Lustre en bronze doré, à vingt-quatre lumières.

# MEUBLES ET SIÈGES

## ANCIENS ET MODERNES

101 — Petit bureau plat en marqueterie de bois de rose et violette, de forme contournée, ceinture, chutes, entrées de serrures et sabots en bronze, dessus de cuir. Epoque Louis XV.

102 — Bidet en bois sculpté, forme contournée. Epoque Louis XV.

103 — Petite table de nuit en bois de placage, ouvrant à une porte. Epoque Louis XV.

104 — Grand bureau plat en bois de placage, galerie en cuivre ajourée. Epoque Louis XVI.

105 — Table à ouvrage de forme contournée, à quatre pieds cannelés, en marqueterie de bois de rose et violette, ouvre à trois tiroirs.

106 — Table à ouvrage, de forme rectangulaire, à angles coupés, à trois tiroirs, en marqueterie de bois de rose et violette, chutes et sabots en bronze.

107 — Console en acajou, ornée de bronzes ciselés dorés. Dessus de marbre bleu turquin. Epoque du Premier Empire.

108 — Meuble en acajou, ouvrant à un tiroir et deux portes et pieds-griffes ; orné de bronzes ciselés dorés, chapiteaux, entrées de serrures, etc. Dessus de marbre noir. Epoque du Premier Empire.

109 — Toilette-poudreuse en acajou, ouvrant à couvercle avec glace. Dessus intérieur de marbre blanc. Epoque Louis XVI.

110 — Chaise en acajou sculpté, de l'époque Louis XVI.

111 — Horloge et sa boîte en bois sculpté ciré. Epoque Louis XVI.

112 — Table Louis XV en bois sculpté laqué blanc, couvert de velours épinglé.

113 — Bureau dit Tronchin en acajou mouluré, de l'époque Louis XVI.

114 — Console sur quatre pieds, à croisillons, en bois sculpté doré. Modèle à coquilles et rocailles. Dessus de marbre gris. Epoque Louis XV.

115 — Paire de consoles Louis XV en bois sculpté doré. Dessus de marbre blanc.

116 — Console en bois sculpté doré, de style Louis XV ; ceinture quadrillée à jour et coquille sculptée. Dessus de marbre.

117 — Console en bois sculpté doré, montants à cariatides de femmes, ceinture composée de rinceaux et buste; entrejambe décorée d'un groupe d'amour sculpté. Dessus de marbre.

118 — Crédence en noyer sculpté, à deux corps, de style Louis XV.

119 — Important écran japonais en bois laqué noir, avec incrustations de burgau; feuille représentant un paysage maritime en application de paille et personnage en bois peint et costume d'étoffe en relief.

120 — Guéridon rond à trépied en bois sculpté; dessus formé d'une plaque circulaire en porcelaine de Canton, décor de personnages en polychrome.

121 — Petit paravent à trois feuilles en bois doré, le haut à glaces, et garnies en lampas fond rouge.

122 — Table à jeu en bois sculpté, de style Chinois.

123 — Table-vitrine en bois sculpté doré, de style Louis XV.

124 — Petit meuble en deux parties superposées en marqueterie de bois de violette, le bas ouvrant à un vantail, le haut à abattant. Il est orné de bronzes dorés. Style Louis XV.

125 — Meuble en bois de placage décoré au vernis, le bas à un vantail, le haut formant vitrine; riche ornementation de bronzes ciselés et dorés. Style Louis XV.

126 — Lit Louis XVI en bois sculpté laqué blanc, à deux personnes, capitonné de velours épinglé jaune et vert, avec dorure.

127 — Chaise Louis XVI en bois sculpté peint noir et doré.

128 — Paire de chaises en bois sculpté et canné, de l'époque Louis XVI.

129 — Deux grands fauteuils en bois sculpté ciré, couverts d'ancienne tapisserie verdure. XVIIIe siècle.

130 — Bergère Louis XV en bois sculpté doré, couverte de damas vert.

131 — Deux chaises en bois sculpté laqué blanc, couvertes de panne verte. Epoque Lonis XV.

132 — Petite banquette en bois laqué blanc, couverte de panne verte. Epoque Louis XV.

133 — Deux fauteuils en velours gros bleu, avec applications de broderies jaunes et cloutés en cuivre d'étoiles et fleurs de lis.

134 — Deux fauteuils en bois sculpté peint gris, garnis de canne et munis de deux coussins en damas de soie jaune.

135 — Deux chaises en bois sculpté doré de style Louis XVI, dossiers à flèches, rubans et chiffre M. Sièges garnis en satin broché fond crème.

136 — Deux bergères en bois sculpté doré, de style Louis XVI, garnies en tapisserie d'Aubusson, décor de bouquets, guirlandes de fleurs et de feuillages sur fond gris clair; contrefonds vert d'eau.

137 — Ameublement de salon en bois sculpté laqué, de style Louis XVI, composé de: un canapé, deux marquises, deux fauteuils et deux chaises garnis de velours ciselé fond crème.

138 — Ameublement de salon en bois sculpté doré, de style Régence, garni en tapisserie d'Aubusson, à bouquets et gerbes de fleurs sur fond crème; contrefond rose, composé de: un canapé et quatre fauteuils.

# TAPISSERIES ANCIENNES

## TAPIS, TENTURES

139 — Tapisserie de Bruxelles du XVIIe siècle, représentant sept figures mythologiques.

Haut., 1 m. 90 cent.; larg., 3 m. 70 cent.

140 — Tapisserie d'Aubusson du XVIIe siècle, à grands personnages. Episode guerrier.

Haut., 2 m. 40 cent.; larg., 2 m. 50 cent.

141 — Ancienne tapisserie des Flandres du XVIIe siècle, à quatre personnages dans un parc avec habitation ; encadrement, bordure de fleurs.

142 — Fragment d'ancienne tapisserie des Flandres du XVIIe siècle, à grands personnages ; encadrement, bordure de fleurs et fruits.

143 — Tapisserie des Flandres du XVIIe siècle, sujets mythologiques ; bordure de fleurs.

144 — Panneau d'ancienne tapisserie des Flandres du XVIe siècle, à grands personnages.

145 — Un fragment et quatre petits morceaux d'ancienne tapisserie-verdure.

146 — Fragment d'ancienne tapisserie d'Aubusson : Paysage avec habitation, rivière et canard ; bordure de fleurs des deux côtés.

147 — Dessus de lit en ancien damas rouge, avec encadrement de velours et frange de soie.

148 — Grand tapis ancien d'Aubusson, décoré de branchages fleuris en couleurs sur fond noir.

149 — Ancien tapis d'Orient.

4 mètres × 2 m. 80 cent.

150 — Peau de panthère.

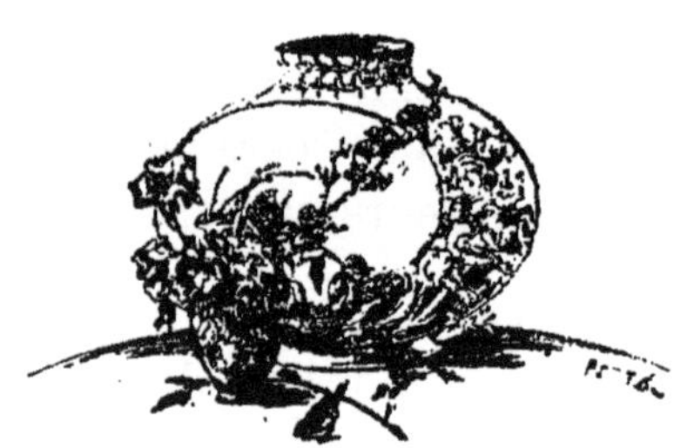

www.ingramcontent.com/pod-product-compliance
Ingram Content Group UK Ltd.
Pitfield, Milton Keynes, MK11 3LW, UK
UKHW020532180726
13839UKWH00005B/2471

9 782329 614762